Perroux, Auguste

La Mazurka, par MM. Auguste Perroux et Adrien Robert. Chorégraphie d'après MM. Coralli et Élie... . - Paris : Aubert, (1844). - Gr. in-8 □ , 16 p., 4 pl.hors texte : lithogr. de P. St-Germain.

Vp-3415

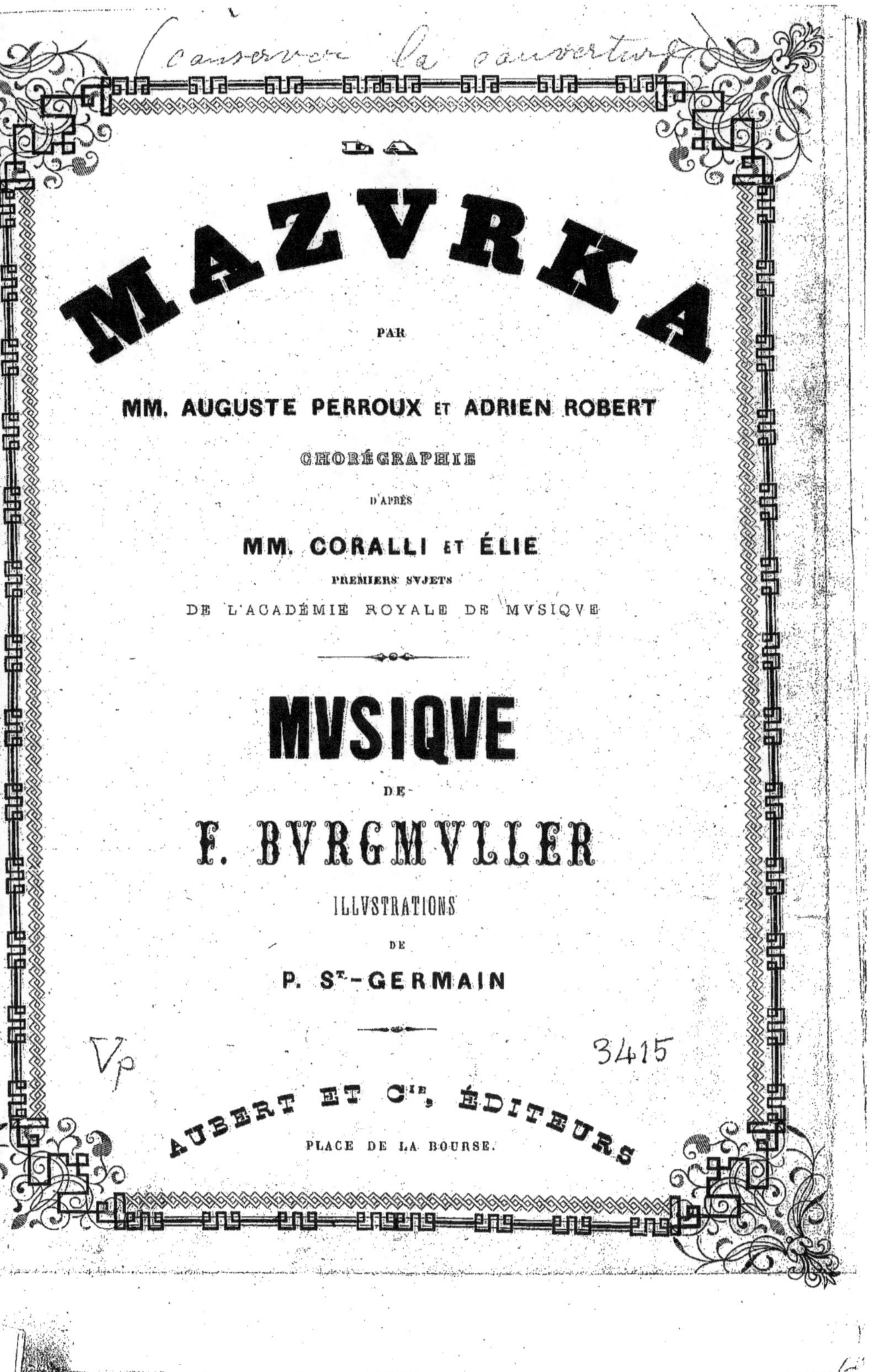

LA
MAZVRKA
PAR
MM. AUGUSTE PERROUX ET ADRIEN ROBERT
CHORÉGRAPHIE
D'APRÈS
MM. CORALLI ET ÉLIE
PREMIERS SVJETS
DE L'ACADÉMIE ROYALE DE MVSIQVE
MVSIQVE
DE
F. BVRGMVLLER
ILLVSTRATIONS
DE
P. ST-GERMAIN
Vp
3415
AUBERT ET Cie, ÉDITEURS
PLACE DE LA BOURSE.

LA MAZURKA.

Comme quoi il ne faut pas encore désespérer de la société
parisienne.

Après l'immense succès que la Polka avait obtenu parmi nous, on était en droit de pen-
ser que la Mazurka, venant après elle, passerait inaperçue, comme a passé la queue des
physiologies, des *mystères* et des *diables*. S'il en fut autrement, si nous voyons reparaître
aujourd'hui les mêmes engouements, c'est que l'on s'est trompé en disant que la Mazurka
n'était qu'une seconde édition de la Polka. Ce sont deux danses essentiellement distinctes et
qui n'ont entre elles aucun rapport, si ce n'est que la Mazurka est le dernier mot, le corol-
laire d'une réaction dansante que nous nous félicitons, nous, d'avoir signalée des premiers,
et nos jolies Parisiennes d'avoir acceptée avec tant de goût et d'à-propos.

Du train, en effet, dont allait la danse, et, juste ciel ! c'était un pauvre train que celui-là,
son avenir semblait terriblement compromis. La valse, on le sait, avait été tout à coup
reconnue immorale, et les deux grands pouvoirs, d'époux et de mère, y avaient solennelle-
ment apposé leur *veto*. Le galop passait pour de fort mauvais ton : on l'abandonnait aux
petites gens et aux folles dames du carnaval. Quant à la contredanse, c'était pis que si on
l'eût proscrite : on la marchait. Le mieux qui pouvait nous advenir d'un tel état de choses,
c'était d'aboutir droit au Menuet, cette lourde danse à pas de loup qui florissait sous le
règne de Louis XIV, et qui fut comme le symbole de ce siècle empesé et nauséabond. Heureu-
sement pour nous, la Polka est venue couper court à ces tendances redoutables. Que de
grâces ignorées, que de jolies tailles inconnues, que de charmants petits pieds enfouis dans
la nuit des volants elle nous révéla tout à coup ! On a été surpris que la Polka ait fait tant de
bruit parmi nous ; j'estime qu'il était plus convenable d'admirer qu'elle en ait fait si peu.
Que de trésors jusqu'à ce jour inaperçus apparurent avec elle ! Quel essaim de jolies femmes,
gracieuses et légères elle fit soudainement éclore du milieu de ces tristes salons, où il n'y

1844

avait plus de place aux bougies que pour les grâces de l'esprit, hélas ! et pour une légèreté qui n'était pas précisément celle des pieds ! Aussi, à nos yeux, l'introduction des danses polonaises dans nos salons n'est-elle pas seulement une mode plus ou moins viable, mais bien une véritable révolution qui, si l'on n'y met bon ordre, pourra bien, quelque jour, rendre à la société parisienne cette ancienne réputation de grâce élégante et de spirituelle courtoisie, si dangereusement compromise par la ploutocratie.

Grâces en soient rendues d'avance à nos intelligentes Parisiennes, dont un si triste état de choses détruisait tout le prestige, et qui ont enfin compris qu'une révolution politique pouvait bien faire des députés, mais non donner l'élégance et l'esprit à de petites bourgeoises constitutionnelles. Quant à nous, n'ayons point honte d'applaudir à cette réaction ; favorisons-la, au contraire, de tout notre pouvoir, nous rappelant que la société française est sortie d'un boudoir.

Cette restauration, selon nous, la Polka l'a commencée ; quant à la Mazurka, ce n'est qu'un pas de plus dans la même voie. Déjà les élèves se forment dans les mystères de l'école ; on en parle tout bas, on la promet d'avance ; déjà on en a vu une répétition dans ce joli salon de la rue de Grenelle qui n'est jamais en retard, soyez-en sûr, lorsqu'il s'agit de faire accueil à quelque gracieuse innovation ; en un mot, tout annonce pour la Mazurka un retentissement au moins égal à celui de son illustre devancière, mais d'une portée bien autrement compromettante pour la contredanse, à l'endroit de laquelle nous ne cherchons pas le moins du monde à déguiser l'étendue de notre haine.

La Polka, en effet, tout en lui portant déjà un assez rude coup, la laissait pourtant encore debout : tandis que la Mazurka, que nous regarderions volontiers comme l'incarnation de la Polka dans la contredanse, vient, au contraire, nous l'espérons, débarrasser à tout jamais nos salons de ces lourdes marionnettes qui croyaient faire merveille en marchant à peu près bien.

Cela dit, passons à l'histoire de la Mazurka.

II.

La forêt de Bialowietz, et des choses notables qui en sont relatées.

Aux environs de Varsovie, il est une forêt ténébreuse et profonde, qui a joué un rôle dans presque tous les événements politiques survenus en Pologne, la forêt de Bialowietz. C'est là que plus d'une fois retentit l'hymne national : « Non, Pologne, tu n'es pas sans défenseurs ! » C'est là que fut recueillie, avec un frémissement héroïque, cette fameuse proclamation de la diète de 1851, qui restera éternellement dans l'histoire comme un modèle du sublime. Hélas ! c'est là aussi qu'au milieu du vent qui gémit dans les ravins et des grands chênes qui heurtent tristement leurs branches desséchées, la Pologne exhala cette populaire et touchante exclamation de son désespoir : « Dieu est trop haut et la France trop loin. » Mais aujourd'hui, la forêt de Bialowietz n'est plus que le théâtre innocent de quelques danses nationales et de légendes populaires. Si vous voulez connaître le Chasseur-Noir, cet homme pâle et terrible, ce damné, ce mythe obligé de tous les peuples chasseurs, qui a inspiré un chef-d'œuvre à Weber, et qui joue un si grand rôle dans les ballades d'Allemagne, prenez votre fusil et partez quelque matin pour la forêt de Bialowietz. Hallali ! hallali ! Entendez-vous les aboiements douloureux des chiens qui tiennent la piste du chevreuil au pied d'or ? C'est la meute invisible du Chasseur-Noir. Vous vous apprêtez à faire feu ; mais avant que vous ayez eu le temps d'appuyer le fusil à l'épaule, une balle part près de vous et abat le chevreuil : c'est le Chasseur-Noir qui vous a prévenu ; ou bien une main invisible détourne tout à coup le canon de votre fusil et vous fait tirer à vingt-cinq pieds au-dessus du but : assurément, c'est le Chasseur-Noir qui est en humeur de rire ou qui, par jalousie, vous joue ce méchant tour. Dans les taillis, sur le haut des collines, dans le fond des ravins, tant que dure l'office, partout en même temps on entend les sons du cor : c'est le cor du Chasseur-Noir. Malheur à celui qui s'aventure trop près du château en ruine perdu au milieu de la forêt comme une île dans une mer de feuillage : c'est là qu'habite le Chasseur-Noir. Malheur à celui qui s'attarde à la chasse après la tombée de la nuit, c'est l'heure que le Chasseur-Noir s'est réservée ; vous tirez, et rien que dans le temps que luit l'étincelle de votre fusil, le Chasseur-Noir vous a vu, ajusté et tué.

Impitoyable pour les chasseurs qui braconnent sur ses terres, le Damné cependant se plaît aux danses des jeunes filles. L'innocence et la beauté ont seules trouvé grâce devant son immense désespoir ; jamais il ne trouble leurs plaisirs ; plus d'une fois, au contraire, on l'a vu debout sur le haut d'un rocher et appuyé sur sa longue carabine, essuyer une larme de sang à la vue d'un bonheur qui n'est pas fait pour lui, et souvent les accents terribles de son cor, devenus alors doux et tristes comme les chants de la brise, s'unissent pour faire danser les jeunes filles, aux téorbes des ménétriers. Aussi, est-ce principalement dans la forêt de Bialowietz que, chaque dimanche, les paysans des environs se rassemblent, mais pas trop près pourtant du vieux château, pour se livrer à leur danse favorite, qui n'est autre chose que la Mazurka, telle que l'a inventée, dit-on, feu Ragutis, dieu *honoraire* de la danse et des plaisirs, qui semble avoir succédé au fils de Bacchus dans la mythologie polonaise.

Les Polonais, comme chacun sait, ont trois sortes de danses qui leur appartiennent en propre : la Polonaise, bien entendu, la Krakoviaks et la Mazurek que nous continuerons à appeler Mazurka, puisque ce nom a prévalu parmi nous. On connaît les deux premières ; on se rappelle combien l'ingrate Fanny y était charmante. Remarquons seulement qu'elles ont un tant soit peu perdu de leur caractère national en passant par la rue Lepelletier. Ainsi, la Polonaise, par exemple, se danse bravement, une main sur le pommeau du sabre et l'autre à la pointe de la moustache ; mais l'Opéra n'a que faire d'allures viriles. Quant à la Mazurka, comme, entre nous, elle fait quelque peu l'objet du présent livre, nous allons en parler plus amplement.

III

D'un protocole émané du secrétariat d'État de Pologne, contenant la nouvelle division du royaume en cinq gouvernements, et de la raison qui en est donnée.

La Mazurka, comme son nom l'indique, est originaire de la Mazovie, l'une des plus anciennes voïvodies de la Pologne ; mais, aujourd'hui, on la danse dans toute l'étendue du pays. Il serait même plus vrai de dire que chaque voïvodie a sa Mazurka particulière ; et, comme on en compte de cinq espèces différentes, il me semble assez probable que le secrétariat d'État de Pologne, en publiant tout récemment le protocole qui, à partir du 1er janvier 1845, réduit à cinq les huit gouvernements de Pologne, a pris le nombre de Mazurka pour base de cette nouvelle division. Quoi qu'il en soit de cette hypothèse, par laquelle nous ne prétendons nullement attaquer la gravité du cabinet de Pologne, force nous est de reconnaître que la Mazurka n'est restée entièrement fidèle à la pureté de ses traditions que dans deux endroits principaux : dans la forêt dont nous parlions tout à l'heure, et à Krakovie.

Les paysans de Bialowietz la dansent au son du téorbe ; grands et robustes comme les chênes de leur forêt, avec leur veste brune ou grise à capuchon, rattachée sur la poitrine par des brandebourgs en ficelle, ce qui est tout à fait l'enfance de l'art, avec leurs chemises brodées de rouge sur l'épaule et de bleu au poignet, avec leurs sandales d'écorce de bouleau et leur bonnet fourré, ils prêtent à la Mazurka je ne sais quel caractère de sauvagerie gracieuse, qui commence par déplaire parfaitement, et qu'on est ensuite tout étonné de trouver charmant. Il est vrai que le lieu où se passe la scène d'un bal a sur le bal lui-même une influence incontestable ; bien plus, il n'y a peut-être rien comme la danse pour emprunter davantage à ses alentours. Dans un beau salon de Paris, où le velours se mêle à l'or, et les fleurs aux lumières, les danses ont assurément un tout autre caractère qu'au milieu de quelque forêt bien sauvage, avec des rochers pour lambris, des chênes pour tentures, et, pour lustre, le soleil, qui s'émiette dans les feuilles. Que l'on compare ensuite les costumes l'un avec l'autre, la peau de loup avec l'hermine, le bougran avec le brocart, l'écorce de bouleau avec le satin, et les coiffures de madame Elie avec ce petit chapeau à larges bords des paysannes de Bialowietz, chargé d'un bouquet de fleurs et de plumes, et qui relève coquettement une aile comme un cygne à sa toilette, on conviendra sans doute facilement que si la Mazurka gagne peut-être, par ici, du côté de la grâce et de l'élégance, elle doit nécessairement perdre un peu du côté de l'originalité et du pittoresque.

A Krakovie, la Mazurka change encore une fois de caractère, et pour les mêmes motifs. Avant de la danser, les Krakoviens se serrent la taille avec une ceinture de cuir où sont enfilés une trentaine d'anneaux de cuivre tapageurs, qui se querellent en mesure ; mais, ce qu'il y a de plus curieux, ce sont les hauts talons de fer qu'ils portent à leur chaussure, et d'où les danseurs les plus habiles parviennent, en les frappant l'un contre l'autre, dans *le pas de Mazurka*, à tirer des étincelles. Les Krakoviens ont, dans toute l'Allemagne septentrionale, la même renommée que les Abencerrages parmi les tribus Mores.

Comme eux, ils ont en partage la beauté, la valeur, la courtoisie, la générosité, et, chose étonnante, la franchise, malgré la signification assez singulière que nous avons donnée, en France, au nom de Krakoviens. Leur audace se retrouve jusque dans leurs jeux ; on en peut juger par un de leurs exercices favoris, dont la seule pensée fait dresser les cheveux sur la tête. On va voir pourquoi nous employons cette expression de préférence à toute autre. Un paysan se place contre un pavois, en tenant du bout des doigts une mèche de ses cheveux, qu'il élève perpendiculairement au-dessus de sa tête ; un autre, placé à une dizaine de pas, brandit lentement une petite hache merveilleusement affilée, et la lance, à tour de bras, contre le pavois : la mèche de cheveux est tranchée entre les doigts et la tête du patient, un autre prend sa place, et cet épouvantable amusement continue ainsi de suite pendant plusieurs heures. Ce document, dont nous garantissons l'authenticité, diminue singulièrement l'admiration trop exclusive accordée, jusqu'à ce jour, à la pomme de Wilhelm Tell.

A cette bravoure étrange, à cet impertinent mépris de la mort, par une charmante antithèse, les Krakoviennes opposent je ne sais quelle désinvolture pleine de nonchalance et de coquetterie. Rien de plus délicieux à imaginer que la voluptueuse mélancolie avec laquelle elles exécutent les pas rêveurs de la Mazurka, tout en agitant, avec une coquetterie pleine de vanité, les rubans de toutes couleurs qui couvrent leur jolie tête. C'est qu'aussi, voyez-vous, ces rubans sont, pour les Krakoviennes, des insignes véritables, tout aussi glorieux, pour le moins, que ceux que nous attachons à notre boutonnière. Triste, bien triste est celle qui n'a point de rubans sur la tête ou qui en a moins qu'une autre ; car chacun de ces rubans a été offert par un galant ; ce sont les dépouilles opimes dont se pare la beauté, c'est le *Livre d'or* de l'amour. Qu'un beau jeune homme, bien doux, bien timide, aime une Krakovienne, il n'est pas besoin, l'heureux garçon, qu'il s'aventure au milieu d'une de ces phrases périlleuses dont il est rare qu'on sorte à son honneur, il lui suffit de mettre, le plus gracieusement possible, un genou en terre, en tenant, du bout des doigts, un joli petit ruban qu'on accepte toujours, quitte à refuser la main qui le présente. Nous n'en finirions jamais, si nous voulions énumérer les mille et une coquetteries mises en jeu pour conquérir chacun des rubans de cette délicieuse coiffure d'amour ; mais un jour on se marie, et tous ces beaux rubans, dont, la veille encore, on faisait trophée, rentrent à tout jamais dans les archives de la famille.

Certes, en dehors de tous autres avantages des deux danses étrangères qui sont venues s'implanter dans nos salons, n'en est-ce pas un que de nous avoir amenés à regarder de plus près un pays où il y a de si gracieuses originalités ? Jusqu'à ce jour, la Pologne n'éveillait en nous que des souvenirs de sympathie ; grâce à la Polka et à la Mazureck, ce n'est plus seulement la Pologne héroïque et vaincue que nous connaissons, c'est aussi un charmant pays, plein de poésie et de pittoresque.

Disons-le cependant, puisque nous avons endossé le rôle d'historien, depuis la réunion de la Pologne à la Russie, un phénomène étrange s'est opéré dans les danses nationales du pays. Les danses sont en rapport exact avec le caractère et l'habitude des peuples. Les peuples libres ont d'autres danses que les esclaves. Aussi a-t-on remarqué que la Mazurka avait considérablement perdu de son caractère vif, alerte, indépendant, plein d'imprévu, de soudaineté et d'entrain ; ce sont bien encore les mêmes pas et les mêmes figures ; mais on n'y trouve plus ce je ne sais quoi qui donne la vie aux danses nationales : la lettre est restée, mais l'esprit manque. Aujourd'hui, dans la forêt de Bialowietz et sur les places de Krakovie, on la danse assez mal, tandis que, par un retour bizarre, on la danse, dans toute sa pureté, au milieu des salons aristocratiques, ce qui, autrefois, était tout le contraire. Si le présent livre ne portait pas un titre aussi peu sérieux, nous nous demanderions certainement leraison de ce changement, raison qui, si elle ne prouvait pas précisément le patriotisme de l'aristocratie, démontrerait du moins que ce ne serait pas tant s'éloigner du droit chemin que d'étudier la situation morale d'un peuple par le moyen de ses danses nationales. Je sais, quant à moi, plus d'un problème social qui se pourrait parfaitement résoudre par une mesure en six-huit.

Mais il est temps de quitter la Pologne ; revenons en France, et tâchons d'y retrouver les traces de la Mazurka.

IV

D'un qui pensait engeigner quelqu'un qui l'engeigna et ce qu'en advint.

Un soir du mois de septembre dernier, un homme, enveloppé d'un long manteau brun, comme il convient à tout personnage mystérieux, se tenait auprès d'une diligence prête à partir, et dont l'exergue annonçait la destination pour les régions septentrionales. Cet homme paraissait en proie à une inquiétude mortelle ; il tournait et retournait sans cesse autour de la voiture, comme pour en hâter le départ, et semblait enrager cordialement de la lenteur qu'on apportait au chargement. Aussi, lorsqu'enfin le conducteur fit l'appel nominatif des voyageurs, l'étranger se précipita-t-il dans la diligence avec autant d'empressement, pour le moins, qu'un banquier qui tout à coup éprouve le besoin d'aller visiter la Belgique.

Nous ne suivrons pas notre nouvel Anacharsis dans ses lointaines pérégrinations ; nous dirons seulement qu'il resta un mois absent, et que, quand il revint à Paris, on ne le reconnaissait plus. Une altération étrange se manifestait dans les traits de son visage. Sa barbe avait légèrement blanchi, et l'on assure qu'il commençait déjà, quoique jeune encore, à employer, à l'égard de ses cheveux, le système d'emprunt à la dizaine suivante, qui est en si grand honneur dans la soustraction. Bien qu'il soit époux et père, ce fut à peine si, en arrivant, il effleura, d'une lèvre distraite, le front chéri de sa femme et la joue enfarinée de sa bruyante progéniture. Il était sombre et farouche ; il frissonnait des pieds à la tête quand on lui demandait des nouvelles de son voyage, et ne répondait qu'en balbutiant, et avec des signes non équivoques de malaise et d'embarras. Il ne sortait plus de sa chambre ; un secret immense paraissait l'obséder ; mais on l'a dit, rien n'est si lourd qu'un secret qu'on ne partage avec personne. Notre homme, qui commençait à dépérir très-bien, se résolut enfin à chercher un confident sur la foi duquel il pût compter. S'ouvrir à sa femme : la discrétion proverbiale du sexe l'y engageait assez ; néanmoins il préféra, je ne sais pourquoi, se confier à l'un de ses amis les plus intimes, maître de danse de son état, mais d'une discrétion à l'épreuve.

Il se mit à son bureau et lui écrivit un *petit mot*, par lequel il le priait de venir, toute affaire cessante, le trouver *at home* sur les trois heures, éprouvant, disait-il, le besoin de s'épancher dans le sein d'un ami.

L'ami fut exact au rendez-vous, et à peine fut-il entré, que le pauvre obsédé se jeta dans

s bras avec une effusion de tendresse qui les fit tous deux fondre en larmes pendant un
art d'heure.

Ce premier attendrissement passé, notre homme prit la parole, et, s'asseyant en face de
on ami, lui tint à peu près ce langage :

« Vous avez tous remarqué le souci qui me ronge ; eh bien, mon ami, mon cher con.
ère dans l'art sacré de Terpsichore, ce secret, qui fait à la fois le malheur et la joie de
na vie, c'est toi que j'ai choisi entre tous pour en recevoir le dépôt. Tu sais à quel point
e succès de la Polka émotionna tous les maîtres de danse de la bonne ville de Paris. C'était
à qui inventerait quelque pas un tant soit peu exotique, ou du moins affublerait un pas très-
ncien d'un nom nouveau. Les ka et ski envahissaient la langue de l'école, et peu s'en fallut
que la contredanse elle-même ne changeât son nom éminemment français contre quelque
désinence plus ou moins krakovienne. Quant à moi, je fis mieux que cela. La Polka venait
e Pologne, et assurément la mine ne pouvait être épuisée pour si peu. Remonter à son
erceau, cela me parut donc une idée profondément ingénieuse ; je pris mystérieusement la
liligence, et, sans confier mon projet à qui que ce fût, je partis pour la Pologne. »

Après cet exorde, le desservant de Terpsichore s'arrêta comme pour se recueillir, et
eprit en ces termes :

« Arrivé à Varsovie, je parcourus successivement les cinq voïvodies ; je ne sais pas
pourquoi ils appellent comme ça leurs départements. J'allais à pied, m'arrêtant à chaque
endroit où l'on dansait, courant les fêtes de villages et m'enquérant auprès de tous les
ménétriers que je rencontrais sur la route, tant et tant, que je finis par découvrir une
danse... Ah ! mon ami, un trésor, une perle, un diamant ! J'avais trouvé la danse philoso-
phale ; j'étais riche et illustre à jamais. Je crus que je deviendrais fou de bonheur ! Eh bien,
mon ami, cette danse sublime, je l'ai apprise, je la sais. »

À cet endroit, le maître de danse fit une nouvelle pause pour attendre l'effet de ses
paroles sur son confident.

« Comprends-tu maintenant, poursuivit-il, pourquoi j'étais si sombre ; pourquoi je ne
sortais plus de ma chambre ?... Possesseur d'un tel trésor, je me défiais de moi-même ; je
craignais que, rien qu'en marchant, mes pas ne révélassent la danse inconnue que je possé-
dais seul ! Enfin, le jour est venu où je vais faire éclater mon triomphe à la face de tous. Les
affiches colossales dont je vais placarder tout Paris sont imprimées ; dix mille prospectus,
lithographiés avec un luxe jusqu'à ce jour inouï, seront, dès ce soir, répandus dans toute
la capitale. Enfin, j'ai écrit ce matin à tous les premiers maîtres de danse de Paris pour les
prier d'assister à la première représentation que je me propose de donner demain de la
danse que je connais seul. Conçois-tu leur étonnement et mon triomphe ! Pour la savoir, ils
seront obligés de venir à mon école ! À moi le faubourg Saint-Germain ; à moi la jeunesse
dorée ; à moi la gloire et la fortune !... »

Ainsi parla le maître de danse. Il s'arrêta triomphant, le bras levé et la tête penchée en
arrière, dans une attitude aussi fastueusement imposante que Mithridate, lorsqu'il eut expli-
qué à ses fils ses projets contre Rome.

Quant au confident de notre héros, en sa qualité de confrère, il ne put retenir un vif mouvement de dépit.

— Et, demanda-t-il avec une jalousie qu'il chercha vainement à dissimuler, cette danse sublime a-t-elle un nom quelconque ?

— Un nom ? si elle a un nom ? s'exclama le maître de danse. Un nom superbe, un nom qui, à lui seul, suffirait pour en assurer le succès : la Mazurka.

— La ?...

— Mazurka.

— Répète encore une fois.

— La Mazurka; M, a, Ma, z, u, r, zur, Mazur, k, a, ka, Mazurka !... Mais qu'as-tu donc ? s'écria tout à coup le maître en voyant son confident se rouler dans les accès d'un rire homérique.

Pour toute réponse, celui-ci se leva et se mit à exécuter un pas dont il sifflait la mesure.

Le maître le crut d'abord devenu fou ; mais qu'on s'imagine quelle fut ensuite sa stupéfaction, en reconnaissant le pas de la Mazurka, de ce trésor, de cette perle, de ce diamant qu'il croyait posséder seul, et que lui-même n'avait jamais pu parvenir à exécuter avec autant d'aisance, de pureté et de précision.

Il fit un bond terrible, et sautant à la gorge de son confident :

« Misérable ! s'écria-t-il d'une voix étranglée par la colère, qui t'a révélé mon secret ?

— Personne ; c'est-à-dire tout le monde, répondit l'autre en riant à se nouer tous les muscles du corps.

— Que veux-tu dire ? Parle, ou...

— Que si, au lieu de t'enfermer si mystérieusement chez toi, tu étais venu me voir, tu saurais que nous donnons tous les jours des leçons de Mazurka.

— De Mazurka ?

— Et que tout Paris la sait déjà.

— Depuis quand ? fit le maître avec une dernière lueur d'espoir, en pensant qu'il arriverait du moins avec les premiers. Y a-t-il longtemps ?

— Mais non !... Environ une vingtaine d'années. Seulement on l'avait oubliée ; la Polka nous en a fait ressouvenir, et voilà deux mois que nous l'enseignons.

C'en était trop pour le pauvre maître de danse ; tombé si brusquement du haut de ses espérances, il ne trouva pas une parole ; ses jambes s'affaiblirent sous lui, il ferma les yeux et s'évanouit.

Le lendemain, quand les maîtres de danse de Paris, convoqués par lui, se présentèrent sa porte pour assister à la solennité qui leur avait été annoncée avec tant d'emphase et de mystère, on leur répondit qu'il venait de mourir d'une attaque d'apoplexie foudroyante.

Tel fut le dénoûment d'un drame dont nous affirmons la parfaite authenticité, comme pourra le reconnaître notre héros lui-même, qui, tout mort qu'il est, ne s'en porte pas plus mal pour cela.

V

Much ado-about-nothing

La Mazurka, on le voit, n'est pas tout à fait nouvelle parmi nous; c'est moins une création qu'une résurrection. Toujours est-il que, dans le long *fare niente* qu'elle avait subi en France, ses traditions avaient dû quelque peu s'effacer. Aussi, lorsqu'on la remit en avant, les maîtres de danse de Paris furent-ils obligés d'avoir entre eux toutes sortes de conférences pour en régler les principes. Nous ne voulons pas parler ici d'un certain conseil académique, où on jura une haine inextinguible aux princes de la Polka et de la Mazurka, MM. Coralli et Élie : cette *charge*, qui plairait singulièrement à notre plume errante, nous est interdite par les signataires mêmes du présent livre, qui seraient désolés de blesser d'aussi respectables susceptibilités. Sans cette considération insurmontable, nous aurions volontiers, quant à nous, ajouté une page plaisante à ce pauvre livre où il y a si peu pâture à notre plume ; la séance de ce parlement de nouvelle espèce eût fait sourire nos lectrices, chose bien précieuse pour de pauvres auteurs dont la conscience n'est pas entièrement tranquille ; car, on le sait, rire c'est pardonner. Mais si quelquefois nous sacrifions une satire, jamais nous ne nous laissons ôter l'envie de louer quand la fantaisie nous en prend, ce qui, du reste, est assez rare. Quels que soient les noms écrits au titre de ce livre, personne ne pourra nous empêcher de rendre bonne justice aux excellents principes de Mazurka, sérieusement réglés cette fois par MM. Coralli et Élie, principes d'ailleurs auxquels M. Coulon, le premier maître de danse de Londres, a, dans son récent voyage à Paris, donné une approbation bien autrement décisive que celle de gens ignares comme nous.

Quant à la musique de M. Burgmüller, qui termine si glorieusement icelui livre, l'auteur de la valse de *Giselle* et du ballet de *la Péri* n'a pas attendu jusqu'à ce moment pour mériter une des premières places parmi les meilleurs compositeurs de notre époque.

Nous devrions clore ici notre brochure ; cependant nous ne pouvons nous dissimuler que nous n'avons pas encore dit un mot de l'effet produit dans le monde par la Mazurka, ce qui veut dire qu'il nous faut encore tirer un chapitre du fond de notre encrier ; d'autant plus que sans cela, soit dit entre nous, notre féal éditeur n'aurait pas le nombre de pages qu'il lui faut.

La chose ne serait pas bien effrayante ; quand on a écrit un livre presque entier sur du vent, on peut bien le terminer sur une pointe d'aiguille. Malheureusement, il faut bien en convenir, la Mazurka n'en est qu'à son début dans le monde ; rien ne s'y rattache encore, ni description de bal, ni anecdote, ni petite médisance ; pourtant... mon Dieu ! nous n'au-

rions pas voulu raconter cela, mais, puisqu'il le faut, que les héros de notre chapitre
sixième nous pardonnent une légère indiscrétion ; d'ailleurs, nous ne nommerons personne,
et puis l'épigraphe que nous mettons en tête dudit chapitre suivant, et qui ne s'applique
guère moins à notre propre cause qu'à l'histoire que nous allons raconter, fait notre justifi-
cation.

V I

Marche! Marche! Marche!

Il y avait une fois un conseiller d'État qui était le mari d'une femme à la mode. Qu'un
homme laid, bête, et conseiller d'État, épouse une femme jeune, jolie, spirituelle, c'est du
droit des gens, personne n'est autorisé à s'en plaindre ; mais que cet homme se permette d'être
jaloux, ceci est une impertinence qu'on ne saurait tolérer. Notre héros avait ce travers, et
Vulcain sait tout ce qu'il souffrit l'an dernier. Madame la conseillère, en sa qualité de femme
à la mode, s'était crue dans l'obligation d'apprendre la Polka, et elle l'avait apprise en ca-
chette, ainsi que le firent madame de C..., madame de B..., et toutes les dames en général.
M. le conseiller fut le dernier qui le sut, comme c'est l'usage des maris, et il ne le sut que
certain soir où il vit tout à coup madame la conseillère se lancer au milieu d'un salon, en
donnant tous les indices de Polka qui se puissent imaginer. Qu'elle exécutât avec une grâce
parfaite *la Promenade, la valse tortillée*, voire *le Pas bohémien ;* qu'elle fût belle comme
les vierges de Murillo ou du Sanzio, avec son doux sourire, ses grands yeux bleus, son front
uni et pur comme celui d'un enfant, et tout son beau profil israélite, cela pouvait faire le
compte de bien des gens, je n'en sais rien; mais ce que je sais très-bien, c'est que cela ne faisait
pas du tout celui de M. le conseiller. Le soir, au sortir du bal, il lui fit une scène épouvantable, allant jusqu'à dire qu'elle n'avait appris la Polka que pour ne plus être obligée de danser avec lui ; car M. le conseiller, entre autres excellentes habitudes, avait contracté une sage
précaution, beaucoup trop négligée des maris, celle de ne permettre à sa femme de danser
qu'avec lui. Que le reproche fût fondé, je ne saurais le dire ; toujours est-il que M. le conseiller ne savait pas le plus petit mot de Polka, et que, sous peine de passer pour un mari
jaloux, ce dont il avait une peur effroyable, bien qu'il le fût réellement, force lui fut de
laisser polker madame la conseillère, tant que polker voulut. — De mauvaises langues
remarquèrent que jamais de sa vie elle n'avait dansé d'aussi bon cœur ni aussi souvent ;
mais c'étaient de mauvaises langues. Quant à M. le conseiller, je vous jure qu'il enrageait
cordialement.

Cependant le fléau s'apaisa peu à peu : nous parlons de la Polka. On commençait à
parler tout bas d'une nouvelle danse qu'on disait bien autrement jolie et bien autrement...
romantique ; bref, odeur de Mazurka se sentait à la ronde.

Cette fois, M. le conseiller était un peu sur ses gardes, on ne l'attraperait pas deux fois.
Nous verrons, nous verrons. Au premier mot de Mazurka, il courut secrètement chez
M. Coralli... Pardon ! nous avions promis de ne nommer personne. Donc il courut chez le
meilleur professeur de Mazurka, qui avait si bien, disait-il amèrement, appris la Polka à
madame, et se fit initier jour et nuit dans les mystères de la danse nouvelle, ne doutant pas

un instant que madame la conseillère n'en fit autant de son côté. En quinze jours, il y fut
d'une force prodigieuse ; il paya ses cachets et se mit en embuscade.

Il n'attendit pas longtemps. Quelques jours plus tard, arriva une jolie petite lettre par-
fumée par laquelle *M. et madame la comtesse de* *** *priaient M. et madame la conseillère
de leur faire l'honneur de venir passer la soirée chez eux ;* et plus bas : *On dansera la
Mazurka.* C'était précisément ce que voulait M. le conseiller, et, le jour du bal, il fut si im-
patient, qu'ils arrivèrent au moment où l'on allumait les bougies et comme on masquait les
fenêtres avec des glaces. Madame la conseillère en fut si humiliée, qu'elle ne le pardonna
jamais depuis à son mari. Cependant les salons commencèrent à se remplir. On en vint à
parler Mazurka. Les uns avouèrent franchement qu'ils ne la savaient pas, les autres qu'ils
la savaient un peu ; quant à M. le conseiller, il déclara avec un air de modestie qu'il l'avait
tout bonnement apprise de M. Coralli, et que M. Élie y avait ajouté quelques leçons qui lui
permettaient de croire qu'il dansait la Mazurka d'une manière assez passable. Madame la
comtesse de ***, qui entendit cela, lui promit qu'elle ne l'oublierait pas, et mettrait tantôt
son talent à contribution ; à quoi M. le conseiller répondit, avec je ne sais quelle finesse
matoise, qu'il ne se ferait pas prier le moins du monde.

On dansa quelques contredanses, on fit un peu de musique ; Duprez chanta la nouvelle
musique qu'il a brodée avec un si rare bonheur sur les paroles de Gastibelza ; une altesse
grecque lut quelques vers inédits ; enfin, le bruit courut qu'on allait danser la Mazurka.
On quitte les tables de whist, on s'écrase aux portes ; peu s'en fallut qu'on n'entassât un
Pélion de chaises sur un Ossa de tabourets, pour mieux voir.

Cependant le quadrille commençait à s'organiser. M. le conseiller, qui n'attendait que
ce moment, s'avança triomphant vers sa femme, et lui présentant la main :

« Madame, lui dit-il avec une ironie incisive, aurai-je l'honneur d'être votre cavalier
pour danser la Mazurka ?

— Comment, monsieur ?... vous ?... vous savez la Mazurka ?

— Parfaitement... mais vous aussi, je suppose.

— Moi, mon Dieu, non, pas encore... J'attendais pour l'apprendre que je l'eusse vu
danser à quelques personnes... Mais, je crois maintenant que je ne l'apprendrai pas.

— Madame ! madame !

— Ah ! vous voilà enfin, s'écria la comtesse de *** en apercevant M. le conseiller, on
vous cherche partout. Les danseurs de Mazurka comme vous sont rares : je m'empare de
vous pour toute la soirée. »

En disant ces mots, elle l'entraîna dans le quadrille.

On sait que les diverses figures de la Mazurka se suivent sans interruption et qu'il n'y a
pas, entre elles, comme dans la contredanse, ces chers intervalles de causerie intime qui
seuls la rendent supportable : la Mazurka se danse tout d'une haleine. Qu'on imagine
donc quel fut le désappointement, la colère du pauvre conseiller d'État, condamné à cette
danse forcée, tandis que de fort beaux jeunes gens faisaient cercle autour de l'esprit vif et

scintillant de Mme la conseillère ; qu'il voulût s'arrêter, c'est propable ; mais toujours il était poussé en avant par l'orchestre qui, du haut de l'estrade, semblait, comme cette voix de Bossuet, lui crier à chaque pas : Danse ! danse ! danse !... Cela dura ainsi toute la nuit : Mme la comtesse de *** avait tenu parole. Ce qui m'étonnera longtemps, c'est que notre héros n'étouffa point de dépit en se voyant la victime de sa propre ruse ; quant à Mme la conseillère d'Etat, ses galants *auditeurs* déclarèrent à l'unanimité que jamais elle n'avait été plus spirituelle que ce soir-là.

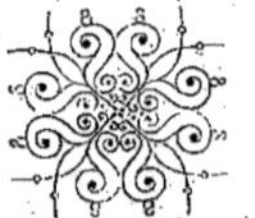

CHORÉGRAPHIE

DE

LA MAZURKA.

PAS.

LA MAZURKA SE COMPOSE DE QUATRE PAS DIFFÉRENTS :

1° Le pas de Mazurka.   3° Le pas allongé.
2° Tourné sur place.   4° Le pas de Basque.

PREMIER PAS.

Pas de Mazurka.

COUPÉ, TALONNÉ, A GAUCHE DE MÊME A DROITE (*).

Frappez les deux talons en levant la jambe gauche, passez-la derrière, recommencez deux fois de suite, et frappez trois coups de talon, en commençant du pied gauche.

Exécutez le même pas de la jambe droite, en suivant bien la mesure.

DEUXIÈME PAS.

Tourné sur place.

Le cavalier : ASSEMBLÉ DEVANT SISSONNE EN TOURNANT.

La dame : GLISSADE FONDUE, RELEVER LA JAMBE DERRIÈRE EN TOURNANT.

Le cavalier assemble devant les deux pieds, et dégage la jambe gauche en l'air à un demi-pied de terre, en pivotant sur la jambe droite.

(*) Nous donnons chaque fois deux définitions : l'une, écrite en lettres majuscules, est empruntée au langage de l'école ; l'autre est à la portée de tout le monde.

La dame part du pied droit et fait le PAS ALLONGÉ devant, pour passer ensuite la même jambe en arrière, en pivotant sur la jambe gauche.

Ce pas exige du moelleux et ne doit jamais presser la mesure. La dame, en le faisant, se trouve au bras droit du cavalier, et, lorsqu'il la fait passer dans le bras gauche, elle doit faire le pas de son cavalier.

On finit par les trois pas frappés pour accentuer la mesure.

TROISIÈME PAS.

Pas allongé.

TEMPS LEVÉ, CHASSÉ ALLONGÉ ET SOUBRESAUT ; DE MÊME POUR LA JAMBE GAUCHE EN LA PASSANT DEVANT.

Le cavalier glisse la jambe droite devant, la pointe du pied très en dehors, en relevant légèrement la jambe gauche derrière ; il s'arrête sur le pied droit en frappant un petit coup de talon, et glisse la jambe gauche devant avec un nouveau coup de talon, de la même manière qu'il a déjà fait de la jambe droite.

La dame exécute les mêmes mouvements, seulement elle part de la jambe gauche ; en outre, au lieu du pas allongé, elle peut faire le PAS DE BASQUE.

QUATRIÈME PAS.

Pas de basque.

Ce pas est trop connu pour qu'il soit nécessaire de le décrire ici.

QUADRILLE.

Les personnes qui font partie du quadrille de Mazurka se placent de la même manière que pour danser le quadrille français.

Le nombre des couples doit être de quatre au moins, et de huit, douze, seize, vingt, si l'on veut, seulement on prend alors plusieurs cavaliers conducteurs.

La première figure du quadrille commence par le rond à gauche et à droite, et se termine par la chaîne plate. (PAS DE MAZURKA.)

Chaque couple reprend sa place et fait deux tours sur place. (TOURNÉ SUR PLACE.)

Le cavalier qui doit conduire le quadrille fait une promenade avec sa dame, en dedans du quadrille, jusqu'à la place où il doit commencer la première figure. (PAS ALLONGÉ OU CHASSÉ.)

FIGURES.

LA MAZURKA DES SALONS SE COMPOSE DES QUATRE FIGURES SUIVANTES :

1° Changement de dames.   3° Le trio ou les grâces.
2° Avant quatre, chassé ouvert.   4° La corbeille de lis et valse.

PREMIÈRE FIGURE

Changement de dames.

Après la promenade, le cavalier se place devant le couple qui est à sa droite, prend de la main gauche la main gauche de sa dame ; il lui fait faire un tour d'allemande en la faisant passer derrière lui, puis, la prenant par la taille, il tourne sur place avec elle, ensuite change de dame avec le cavalier qui est devant lui, recommence, avec sa nouvelle danseuse, la promenade et le tour sur place, et fait de même avec toutes les dames du quadrille. Lorsqu'il a dansé avec toutes, le cavalier de droite exécute la même manœuvre, jusqu'à ce que sa première danseuse lui revienne.

Pour la promenade, le cavalier fait le *pas allongé*, et la dame le *pas de basque*.

Enfin, quand toutes les dames sont revenues à leur place, on fait la grande *chaîne plate*, en prenant, non pas la main droite de sa dame, comme dans le quadrille français, mais de la main gauche sa main gauche.

DEUXIÈME FIGURE.

Avant quatre, chassé ouvert.

Le cavalier conducteur exécute la promenade avec sa dame de droite, en faisant le *pas allongé*, et la dame le *pas de basque*; après avoir fait le tour du quadrille, il s'arrête devant le couple qui est à sa droite, refait, s'il veut, le tour sur place, et se place en face de son couple. Les deux couples changent de dame, et s'éloignent l'un de l'autre en obliquant, le couple de droite à droite, et l'autre à gauche. En s'éloignant, ils font le pas de Mazurka allongé, puis, pour se rapprocher, ils exécutent tous quatre le pas de basque. Placés vis-à-vis les uns des autres, ils finissent par une petite chaîne anglaise double. Le second cavalier prend à son tour la main de la dame du couple qui suit immédiatement et recommence la même figure avec ce nouveau couple. Lorsqu'elle est terminée, le troisième cavalier exécute la même manœuvre, et ainsi de suite, jusqu'à ce que toutes les dames aient dansé et repris leur place. On finit alors par une grande chaîne plate ou anglaise générale.

TROISIÈME FIGURE.

Le trio ou les grâces.

Le cavalier conducteur fait la promenade, passe la dame de droite à sa gauche, sans lui quitter la main, et prend de sa main gauche la main droite de la dame du couple de droite. Les deux dames joignent les mains derrière le dos du cavalier, et ils font ainsi une promenade, en exécutant, soit le pas de Mazurka allongé, soit le pas de basque. La promenade terminée, le cavalier, ayant toujours les bras croisés sur sa poitrine, se baisse, et les dames repassent leurs bras par-dessus sa tête. De cette façon, tous les trois se trouvent les mains croisées, vis-à-vis l'un de l'autre, en trio ; ils font le pas de Mazurka allongé, en tournant à gauche avec un triple appel de talon, et recommencent de même en tournant à droite. Enfin, le cavalier se dégage en passant sous le bras de la dame qui est à sa gauche, et lance celle de droite dans le bras du cavalier qui leur fait vis-à-vis, en la faisant passer sous son bras gauche, qu'il tient élevé ainsi que la dame de gauche, de sorte que leurs mains se réunissent gracieusement au-dessus de la tête de la dame de droite, qui se baisse pour passer. Aussitôt après, le cavalier prend la dame de son vis-à-vis et continue la même figure, en gardant toujours une dame avec lui. Enfin, quand cette figure a été exécutée par tous les couples, on termine par la grande chaîne plate générale. (Planche 4.)

QUATRIÈME FIGURE.

La corbeille de lis.

Tous les couples font une promenade générale, après quoi toutes les dames se rassemblent au milieu du quadrille, en faisant vis-à-vis à leur même cavalier, et exécutent le pas de Mazurka, en tournant à droite et à gauche, pendant que les cavaliers frappent légèrement leurs talons l'un contre l'autre. Ensuite, après que les dames ont formé le rond, en se tenant les mains, chaque cavalier prend, de la main droite, la main gauche de sa dame, la lance dans son bras gauche et fait le tour sur place. On finit par la grande chaîne générale, puis on prend de suite la valse dont les difficultés sont trop grandes pour que nous puissions la décrire. L'intervention d'un maître de danse y est de toute nécessité. (Planches 3 et 2.)

Nota. — La Mazurka est une danse à trois temps ou six-huit, mouvement de valse ; à l'inverse de la Polka, elle se danse, la pointe du pied très en dehors et avec un certain abandon. Mais une observation importante et qu'il ne faut pas oublier, c'est qu'il n'y a absolument aucune interruption entre les diverses figures et que, au contraire du quadrille français, on ne doit pas compter de mesure pour commencer.

NOTE DE L'ÉDITEUR. — Qu'il nous soit permis d'adresser ici quelques remercîments aux artistes qui ont bien voulu collaborer à cet ouvrage d'actualité, au moment où la Mazurka va devenir la danse favorite de nos salons, grâce au cachet de distinction que MM. Coralli et Élie ont su lui donner, tout en conservant son caractère national. Déjà tous les théâtres s'ouvrent à la danse nouvelle ; M. Léon Pillet, le directeur de l'Opéra, a eu l'idée ingénieuse d'introduire une Mazurka dans le nouveau ballet qu'il prépare ; M. Nestor Roqueplan en fait régler une autre par MM. Coralli et Élie, pour les Variétés, où elle sera dansée par les premiers de ces excellents artistes. Le moment était donc choisi à propos pour une exacte et facile définition des différents pas et figures de la Mazurka. N'oublions pas dans nos remercîments M. Burgmüller, dont la Mazurka que nous donnons ici est une des plus gracieuses créations, et M. Saint-Germain, qui a bien voulu quitter un moment pour nous les bons Bretons, qu'il illustre avec cette verve naïve et pittoresque qui caractérise ses productions.

Quant à MM. Auguste Perroux et Adrien Robert, qui n'ont pas eu la part la moins ingrate peut-être, ils nous ont interdit de parler d'eux.

Typographie Schneider et Langrand, rue d'Erfurth, 1.

Imp. d'Aubert & Cie
P. S. G.

P. S. Germain.

P. S. Germain.

LA MAZURKA

SE TROUVE AUSSI :

A Paris,

CHEZ M. CORALLI, RUE GRANGE-BATELIÈRE, 5,

HÔTEL CHOISEUL;

ET CHEZ M. ÉLIE, RUE LOUIS-LE-GRAND, 29;

A Londres,

CHEZ

M. EUGENE COULON, 47, GREAT MALBOROUGH STREET.

Par les mêmes Auteurs :

LA POLKA

ENSEIGNÉE SANS MAITRE.

CHEZ AUBERT ET Cⁱᵉ, PLACE DE LA BOURSE.

Paris. — Imprimerie SCHNEIDER et LANGRAND, rue d'Erfurth, 4.

www.ingramcontent.com/pod-product-compliance
Lightning Source LLC
LaVergne TN
LVHW012110030726
842523LV00002B/827